PRÉCIS

POUR

LE SIEUR VAYSON,

CONTRE

LE SIEUR BELLANGER.

PRÉCIS

POUR le Sieur Joseph-Maximilien VAYSON, Négociant, Marchand de Tapis,

A Messieurs les Arbitres Juges des contestations d'entre ledit Sieur VAYSON, et le Sieur Charles-Vincent BELLANGER.

Messieurs,

J'ai été pendant sept ans l'associé du sieur Bell..... r pour un commerce de tapis.

Au bout de ce temps, notre Société a été dissoute, et, par les transactions faites entre nous, la suite, le fonds de commerce, avec toutes ses appartenances, m'ont été transportés, moyennant le paiement d'une somme de 40,000 fr., pour prix et indemnité.

D'ailleurs, s'agissant de liquider la Société, et tout ce qui pourrait en appartenir au sieur Bellanger, j'ai été chargé, par ces mêmes transactions, de la liquidation et de dresser l'inventaire, sauf à lui à le vérifier.

Cet inventaire a été fait et communiqué au sieur Bellanger : il a vérifié tant qu'il a voulu, tout comme il l'a voulu; mais après cela, je n'ai pu obtenir de lui aucun résultat.

De plus, les mêmes actes lui ont accordé la faculté de prendre en nature, s'il le voulait, certaines marchandises, avec un rabais de dix pour cent sur les estimations que j'en aurais faites, sur quoi pourtant, il serait tenu de s'expliquer dans un temps déterminé.

Ce temps est passé depuis plus d'un mois : le sieur Bellanger a été mis à portée de faire son choix, et cependant, il ne s'est pas prononcé d'une façon précise et définitive. J'ai donc dû l'assigner par-devant le tribunal de commerce, d'abord, pour le faire déclarer définitivement déchu de la faculté dont il n'a pas voulu user; en second lieu, pour l'obliger à reconnaître l'inventaire, et c'est sur cette demande, Messieurs, que nous avons été renvoyés devant vous. C'est-là aussi sur quoi vous avez à prononcer.

Cette demande est sans doute trop simple pour qu'il soit nécessaire d'entrer dans de grands raisonnemens afin de l'établir. Il suffit de la mettre sous vos yeux, avec les pièces à l'appui; et y joindre une plus ample instruction, ce serait en quelque sorte manquer au respect dû à vos lumières.

Mais depuis peu, il a plu au sieur Bellanger de faire imprimer un libelle diffamatoire contre moi, libelle rempli des injures les plus grossières et des calomnies les plus odieuses.

Je pourrais absolument le mépriser; d'autant plus que tous les mensonges qui ont pu y être répandus, ne changent rien à l'état de la question, et d'autant plus encore que le sieur Bellanger semble lui-même en être honteux, qu'il a craint de me le communiquer, et que ce n'est que très clandestinement qu'il le fait circuler.

Cependant, je suis négociant, et je crois par conséquent devoir

(5)

repousser toute atteinte portée à mon honneur de quelque bas qu'elle vienne.

D'ailleurs, je sais que, dans le dessein de me nuire, le sieur Bellanger s'est permis d'adresser son libelle aux autorités avec lesquelles ma profession me donne des rapports.

Enfin, il pourra vous dire à vous-mêmes ce qu'il a osé écrire ou faire écrire, et j'ambitionne trop votre estime, pour ne pas réfuter toutes les imputations qu'il pourra me faire devant vous, et pour laisser pénétrer dans votre esprit le moindre doute sur mes sentimens.

Je vous prie donc de permettre que je vous présente une réponse au libelle dont il s'agit, réponse que je tâcherai de rendre aussi courte qu'il se pourra.

Ce fut au mois de décembre 1813 que je devins l'associé du sieur Bellanger, tenant alors un magasin de tapis, dans une maison située rue du Faubourg - Saint - Honoré, n°. 105, dont il était locataire principal.

Suivant son libelle, il me fit en cela une très-grande grâce : et sur ce sujet, il est bon de voir ses propres expressions.

M. Vayson (dit-il, pag. 1 et 2,), *étudiait en droit ; il occupait chez moi un petit appartement. C'est de cette position si modeste que, franchissant d'un seul pas, grâce à mes bontés, une carrière immense dont on n'aperçoit le plus souvent le terme qu'après une longue épreuve et dix ans d'un travail assidu, il se plaça subitement à la tête d'une manufacture de tapis, et, chose plus étonnante encore, à la tête d'une manufacture de tapisseries. Ma générosité, ma confiance, applanirent devant lui tous les obstacles : il devint mon associé, le chef d'une maison, connue depuis 60 ans.*

Croirait-on que ce superbe début ne contient que des mensonges et des vanteries ridicules?

La vérité est cependant qu'il n'y avait dans la maison du sieur Bellanger aucune sorte de manufacture ; qu'il n'y avait même ni métier, ni ustensiles quelconques pour manufacturer quoi que ce fût ; que par conséquent aussi il n'y avait pas un seul ouvrier appliqué et propre à ce genre de travail ; enfin, que les marchandises lui étaient envoyées toutes manufacturées, toutes fabriquées, et qu'il n'avait qu'à les revendre. C'est de quoi font foi les livres et les inventaires de la Société, que j'aurai, s'il le faut, l'honneur de vous soumettre.

La vérité est encore, quant au grand commerce, que la maison du sieur Bellanger, assurément fort nouvelle et fort peu connue, était complètement ruinée et toute prête à crouler. Pour le prouver, il suffit de dire, toujours avec les livres et les inventaires en main, que la dette de la maison se montait à 323,651 francs 15 c. ; que cependant la valeur, prix de facture, de toutes les marchandises existantes dans le magasin, n'allait pas au-delà de 284,184 f. 17 c; que pour couvrir la différence, il y avait bien une cinquantaine de mille francs en créances tant bonnes que mauvaises, mais que les mauvaises étaient en grand nombre, comme l'expérience le prouva; enfin, que tout étant bien compté, même à l'avantage du sieur Bellanger, il lui restait tout au plus 5,772 f. 64 c. de libres.

Du reste, les 323,651 fr. 15 c. étaient dus à une seule maison, celle de MM. Piat Lefebvre de Tournay, l'une des plus opulentes et des plus considérées de la Belgique : car cette maison était la seule qui fournît des marchandises au sieur Bellanger, et il ne pouvait même en recevoir d'aucune autre. En effet, son établissement n'était à proprement parler, rien de plus qu'un dépôt de la manufacture vraiment grande de MM. Piat Lefebvre. C'était aussi tout ce qu'an-nonçait l'enseigne conçue en ces termes : *Dépôt des tapis de la manufacture de Tournay*. D'ailleurs , non-seulement ces messieurs lui fournissaient les marchandises , mais encore ils lui avançaient , au besoin, les fonds nécessaires pour effectuer les paiemens : il n'avait qu'à les aller prendre dans la caisse de **M. Worms de Romilly**.

Telle était la maison du sieur Bellanger qui , pourtant, se donnait pour un grand et riche négociant; qui en prenait tous les airs, et qui parlait toujours, comme il parle dans son libelle, d'un ton qui conviendrait à peine aux chefs de maisons telles que celles de Messieurs Delessert, Ternaux, Oberkampf, etc. ;mais qu'assurément ils ne prendraient point , car ils sont trop bien élevés pour cela.

La vérité est enfin, pour ce qui me concerne , que sans avoir à me glorifier, soit de naissance, soit de fortune , je n'étais point tel que le sieur Bellanger me représente ; que je suis fils d'un des plus riches propriétaires du canton de Gordes, département de Vaucluse, où ma famille est établie; que mes parens ayant trouvé bon que je vinsse faire mon droit à Paris , ils y fournissaient fort honnêtement à mon entretien : que je logeais, à la vérité, sous le même toît que le sieur Bellanger, mais non pas *chez lui ;* que j'habitais, je vivais avec une famille respectable , dont le chef remplissait une des premières places dans un ministère, et qui occupait le second étage de la maison N°. 105, où était le magasin de tapis ; famille à laquelle j'avais été recommandé, et qui avait bien voulu m'agréer pour commensal ; qu'ainsi et sous aucun rapport, je n'avais besoin des *bontés ,* de *la générosité* du sieur Bellanger.

Comment donc et pourquoi devins-je son Associé? le voici.

Ce fut en 1807 que MM. Piat-Lefebvre établirent leur dépôt qu'ils confièrent au sieur Bellanger, jusqu'alors très-simple *marchand rentrayeur de tapis ,* demeurant rue du Regard, mais que d'heureuses circonstances avaient mis à portée de faire quelques bonnes affaires, qui pourtant ne lui avaient pas beaucoup profité; car il ne lui en était resté qu'un petit domaine, acheté au prix d'environ

20,000 fr., et qui est un objet de plaisir plutôt que d'utilité. Mais dans le même temps ces Messieurs ne manquèrent point, et pour cause, de donner au sieur Bellánger un Associé qui avait leur confiance. C'était un galant homme, appelé le sieur Limbourg, lequel, sans aucune mise de fonds, devait jouir d'un cinquième des bénéfices.

Or, le 1er. de décembre 1813, ce sieur Limbourg prit la triste résolution de se tuer d'un coup de pistolet, ce que, de l'arsenal où il demeurait, il vint exécuter dans la maison et presque sous les yeux du sieur Bellanger. Je ne parlerai point de ses motifs exposés dans une lettre qui fut trouvée sur lui par le Commissaire appelé pour reconnaître le cadavre, que ce Commissaire joignit à son procès-verbal, et qui existe ainsi dans les bureaux de la Préfecture de Police. Je me borne à dire que certainement il n'avait point été enrichi par son association avec le sieur Bellanger,—de laquelle aussi il était bien loin de se louer dans sa lettre.

Quoi qu'il en soit, ce funeste événement n'était pas sans doute d'un heureux présage pour un nouvel Associé. Cependant l'ami avec lequel je vivais, et que le sieur Bellanger appelle mon protecteur, mais qui ne veut point de ce titre, que pourtant je lui donnerais volontiers moi-même ; cet ami, dis-je, crut y trouver l'occasion de m'engager dans la carrière du commerce qu'il préférait pour moi à celle du barreau, dans laquelle il lui semblait que j'entrerais trop tard, puisque j'approchais de ma trentième année.

Il pensa, en effet, que si MM. Piat-Lefebvre laissaient encore subsister la maison du sieur Bellanger, ce ne serait point sans lui donner un Associé qui leur présentât une garantie morale et pécu-niaire qu'il ne leur offrait point lui-même. D'ailleurs, quoique, sans connaître à fond l'état de la maison, il vit bien que cet état n'était point brillant ; il jugea que si elle était conduite avec plus d'activité, plus d'ordre, plus d'économie, elle pourrait acquérir quelque importance; il pensa, du reste, que c'était avec MM. Piat-Lefebvre qu'il fallait traiter pour l'exécution de son dessein ; que sans doute, après la nouvelle de la mort du sieur Limbourg, quelqu'un d'entre eux accourrait à Paris; mais qu'en attendant, il convenait d'en parler au sieur Bellanger, ne fût-ce que pour ne pas en être contrarié.

Effectivement, le chef de la maison Piat-Lefebvre, M. Léopold Léfebvre, homme en tous points recommandable, ne tarda point d'arriver. Aussitôt je lui fus proposé, présenté; j'eus avec lui divers entretiens dans lesquels il parut m'agréer et me montrer même de la confiance : d'ailleurs, j'offris de verser, pour ma mise, jusqu'à la concurrence de 70,000 fr. ; bien entendu que le sieur Bellanger en verserait tout autant, et sans plus de délai les bases de mon association furent arrêtées et convenues. Suivant ces bases, outre l'obligation de fournir ma mise, je devais reconnaître et m'engager solidairement, comme je le fis, pour toute la dette, moyennant quoi néanmoins je devais commencer par n'avoir que le tiers dans les bénéfices : c'était la compensation de l'avantage résultant de ce que je trouvais la maison déjà toute établie.

Ces bases, au surplus, durent, peu de temps après, subir quelque changement ; car les vérifications et les inventaires ayant fait voir que le sieur Bellanger n'avait à peu près rien du tout et ne pouvait rien verser, il fallut bien prendre d'autres arrangemens par rapport aux mises. C'est pourquoi, il fut fait le 8 juillet 1814, une nouvelle convention, qui, en conservant à peu près toutes les autres dispositions de la précédente, porta, quant aux mises, ce qui suit :

Art. 2. « Le fonds social se compose des sommes versées et à verser « par les Sociétaires dans le courant de la présente année, au fur et « à mesure des besoins de la Société, jusqu'a la concurrence de « 80,000 fr., savoir : 40,000 fr. par Bellanger et 40,000 fr. par « Vayson. »

Voilà donc comment je devins l'Associé du sieur Bellanger.
Qu'on juge s'il me fit une si grande grâce, et si je lui eus de si
grandes obligations.

Pour moi, les premiers sentimens que notre association me fit
éprouver furent, sinon le repentir, du moins l'inquiétude et la
frayeur. Plus je connaissais le véritable état de la maison, plus je
m'allarmais sur les conséquences du terrible engagement que j'avais
contracté en m'obligeant solidairement pour une dette de plus de
320,000 fr.. Mes allarmes étaient même d'autant plus vives, que le
sieur Bellanger ne paraissait nullement les partager : il se montrait
tranquille, indifférent, et semblait être un de ces hommes qui, se
tourmentant peu pour l'avenir, disent froidement : « Qu'importe?
« là où il n'y a rien, le Roi perd ses droits. »

Du reste, je commençai par satisfaire à l'obligation de fournir
ma mise : mais voyant que le sieur Bellanger ne fournissait rien du
tout, je m'arrêtai à 19,000 fr., de quoi il ne se plaignit point ; car
il sentait que s'il m'en demandait davantage, je pourrais exiger qu'il
en fît tout autant.

Cependant, les résultats des deux premières années de notre
association, c'est-à-dire, des années 1814 et 1815, justifièrent l'idée
que mon ami s'était formée. Les événemens politiques dont on aurait pu s'effrayer nous furent même favorables. L'heureux changement que la Restauration produisit en France, et l'immense concours
d'étrangers qui s'ensuivit, donnèrent lieu à des ventes nombreuses
et utiles; si bien qu'au bout de deux ans, et suivant les inventaires
et les comptes arrêtés le 1er. juin 1816, mon capital, mon avoir
dans la Société, y compris les 19,000 fr. versés, se trouva monter à
47,254 fr. 78 cent. : c'était plus que la mise à laquelle je m'étais
obligé.

Mais il n'en fut pas de même pour celui du sieur Bellanger, qui pourtant avait pour sa part les deux tiers des bénéfices. Il ne s'éleva pas au de-là de 14,217 fr. 52 cent.

C'est qu'à cet égard, il y eut une grande différence entre nos systèmes de conduite. Le mien fut de toucher le moins possible à ce qui me revenait et de tout laisser dans le commerce, pour le faire servir à l'amélioration de la maison. Celui du sieur Bellanger, au contraire, fut de prendre presque tout ce qu'il gagnait, afin de satisfaire ses goûts et surtout son désir le plus constant et le plus cher, celui de paraître, par sa dépense, un grand et riche négociant.

C'est de cette manière aussi que d'année en année , nos capitaux respectifs s'accrurent fort diversement : de sorte qu'à notre dernier inventaire, fait le 1er. mai 1820, le mien fut de 124,881 f. 77 c. , et celui du sieur Bellanger seulement de 68,518 f. 18 c. (1).

Il peut regretter de n'avoir pas eu davantage ; mais à qui s'en plaindre , si ce n'est à lui-même? Et, au surplus, il doit encore être satisfait de ce résultat de six années de notre association, s'il le compare avec celui des sept années qu'avait duré la société avec le sieur Limbourg , et pendant lesquelles il avait dirigé tout à son gré les affaires.

Je n'entrerai pas dans l'examen de cette direction , car cela me mènerait trop loin , et je n'en ai que faire ; mais je ferai une seule remarque fondée sur les livres. Ils montrent que le sieur Bellanger aimait fort à entasser les marchandises dans les magasins, parce que cela leur donnait fort bon air ; mais qu'il n'aimait pas également à en payer le prix, et voilà comment, au moment de mon association, il se trouva débiteur de plus de 320,000 fr.

Aussi, ne me contraria-t-il pas peu , quand, devenu son associé,

______

(1). Ce capital de 68,518 f. 18 c. au 1er. mai 1820 s'est trouvé , le 1er. mars 1821, réduit à 41,554 f. 24 c. , à cause des sommes que , durant l'intervalle , le sieur Bellanger avait puisées dans la caisse.

je désirai d'établir et de suivre un système tout différent, celui de n'avoir, autant qu'il se pouvait, que la quantité de marchandises nécessaire, et d'employer constamment, assiduement, le produit des ventes à nous libérer, à tirer la maison de la dépendance où elle se trouvait, et à la mettre en état d'avoir des marchandises de presque toutes les principales manufactures de la France, à quoi elle ne tarda point de parvenir.

Mais ce n'est pas à cela que se bornèrent ses contrariétés. Tout nouveau moyen d'augmenter les profits, qui n'était pas dans le grand genre, lui paraissait trop peu digne de notre maison ; toute attention donnée aux détails était jugée un trait de petit esprit ; toute mesure d'ordre et d'économie, une sordide lésinerie ; tout acte de vigilance et de juste sévérité, une marque de caprice et d'humeur. Il n'y avait pas jusqu'aux justes égards dus aux personnes qui venaient acheter, ou qui même avaient droit de nous donner des ordres, qui ne fussent blâmés et taxés au moins d'excessive humilité.

Et ne m'accuse-t-il pas aussi dans son libelle, (page 2) de n'avoir montré qu'un caractère *sombre, inquiet, soupçonneux, et une bizarre disposition d'esprit.*

Il est vrai que les preuves qu'il en donne ne sont pas moins ridicules que mensongères.

Il dit (page 3) qu'étranger au grand art de la fabrication, *je ne pouvais,* tant était grand mon amour - propre, *supporter l'idée d'avoir des leçons à recevoir des ouvriers.* Mais je l'ai déjà remarqué, on ne manufacturait, on ne fabriquait rien dans la maison du sieur Bellanger, à moins qu'il ne veuille appliquer ces mots à quelques rentraitures, à quelques coutures à faire pour réunir les lés d'étoffe dont certains tapis, tels que ceux de moquette, étaient composés. Il n'y avait aussi, comme je l'ai observé encore, ni métier, ni ustensiles, ni ouvriers quelconques pour la fabrication.

Je n'avais donc pas besoin d'en prendre des leçons, et il n'y avait personne qui pût m'en donner. (1)

Il dit encore, que *je persécutai ces hommes qui, depuis long-temps étaient à son service, et qui méritaient sa confiance, que je les inquiétai de toute manière et que je forçai plusieurs d'entr'eux a quitter la maison.* Mais les hommes qui étaient au service du sieur Bellanger, et qui composaient sa grande maison, n'étaient qu'au nombre de trois; savoir, nn garçon de magasin, nommé le sieur Roycourt, et deux hommes de peine, appelés l'un, le sieur Artus, l'autre, le sieur Marchand, appliqués au battage et au nettoiement des tapis. Or, ces deux derniers sont constamment restés dans la maison jusques après la dissolution de la société, et le sieur Marchand y est même encore, ne pensant nullement à en sortir. Quant au sieur Roycourt, il quitta, à la vérité, à la fin de 1814, mais pourquoi? Pour se mettre à travailler comme tapissier pour son propre compte, et ce fut si peu par mécontentement, que quand, pour raison de sa profession actuelle, il a besoin de quelque service, il me le demande et je le lui rends bien volontiers.

Telles sont les preuves que le sieur Bellanger donne de mon mauvais caractère. Que m'importe, au surplus, ce qu'il en dit? Il me suffit que mes amis et les personnes dont j'ambitionne l'estime en jugent autrement.

Ce que, de ma part, je pourrais un peu mieux constater, c'est la négligence du sieur Bellanger à remplir ses devoirs d'associé, et à

____

(1) Il y a bien maintenant un métier pour le travail en haute lice. Mais ce métier n'a été fait et monté qu'en 1817, dans la maison rue d'Anjou-St.-Honoré, n°. 9, où le commerce dut être transporté en 1816 et où il est encore. Mais ce seul métier auquel il ne se fait qu'un tapis par an, n'a point été établi par spéculation de commerce, et il est regardé comme un objet de dépense, plutôt que comme un objet de profit.

s'occuper des affaires de la maison ; négligence qu'il est forcé d'avouer (page 4), en m'imputant toutefois d'en avoir été la cause par mes procédés et par mon empressement à faire tout , ce qu'il fallait bien pourtant que je·fisse , puisqu'il ne faisait rien lui-même. Ce sont ses fréquentes absences , ses voyages multipliés à la campagne , pour aller , dit-il , *exploiter son petit domaine*, qui pourtant ne présente pas grande matière à exploitation. C'est ce ton de supériorité , de domination , de mépris , qui lui est naturel , et qui se faisait sentir dans ses rapports avec moi, comme il se montre dans son libelle ; de sorte qu'on eût dit qu'il était seul le maître, et que moi, son associé, j'étais à peine son commis. Mais je ne m'arrête point à tout cela , et je ne remarquerai qu'un seul fait bien constaté **,** par lequel on pourra juger de la *générosité* , de la *libéralité* dont il se vante.

Au mois de novembre 1814, j'eus le malheur de vendre quelques tapis à un homme qui fit faillite et disparut sans avoir payé. C'était un sieur Meyer , lequel avait établi dans Paris deux hôtels garnis destinés principalement à loger des Anglais.

Je n'avais pas même à me reprocher d'avoir agi avec imprudence, car j'avais pris toutes les informations convenables , et le Sr. Meyer passait pour être un débiteur si solide , qu'il avait trouvé du crédit sur la place pour plus de 60,000 f.

Sans doute, aussi , dans toute autre Société , une telle affaire aurait été portée au chapitre des profits et des pertes , et il n'en eût plus été parlé : mais il n'en fut pas ainsi avec le sieur Bellanger. Il fit tant de bruit , il se plaignit avec tant d'amertume , que pour en finir , je dus offrir de prendre la perte sur mon compte, ce qui fut aussitôt accepté ; et en conséquence, dans le prochain inventaire , je fus débité de la somme de 3,726 francs, valeur des marchandises que j'avais vendues.

Il est vrai que, dans la suite, et comme je le dirai bientôt, ce tort fut réparé ; mais , comme on le verra aussi , je n'eus pas à en remercier le sieur Bellanger.

Cependant , au milieu des amertumes dont il m'abreuvait chaque jour, j'avais une consolation qui me faisait prendre patience. Je la trouvais dans les procédés tout différens de sa première épouse , aussi honnête et raisonnable qu'il l'était peu lui-même. D'abord , elle avait tari une source perpétuelle de discussions, en se chargeant de tenir la caisse , qui d'abord avait été confiée au sieur Bellanger, et qu'elle tint en effet durant quelques années , avec beaucoup d'ordre et d'exactitude. D'autre part, elle s'appliquait à calmer , à retenir l'humeur altière , impétueuse de son mari, et bien souvent elle sut , par sa médiation , faire cesser nos querelles.

Mais malheureusement , Madame Bellanger mourut le 3 de mai de l'année dernière 1820 , et dès-lors , le sieur Bellanger, livré à son propre caractère , devint de plus en plus intolérable. D'ailleurs, il reprit la caisse , d'où résultèrent encore des discussions journalières ; car il la tint avec plus de négligence et d'inattention qu'il n'avait fait précédemment. Ce fut au point qu'il fallut en venir à établir pour règle qu'à chaque somme qu'on lui porterait pour être encaissée , il signerait un bordereau qui en accuserait la réception et qui me serait remis. Encore même , malgré cette précaution , il y avait fréquemment des erreurs , des omissions à réparer. En un mot , et sans compter ce qu'on doit taire , il fallut voir que la Société ne pouvait plus subsister bien long-temps , et que la dissolution serait bientôt indispensable.

C'est sur cette dissolution et ses suites que , dans son libelle , le sieur Bellanger multiplie les impostures , les calomnies de toute espèce. Mais avant d'en parler , je dois m'occuper d'une accusation qu'il s'est permise , relativement au temps de la Société , et qui est trop sérieuse pour la passer sous silence. Mon honneur exige même que j'y réponde avec quelque détail.

Elle se trouve aux pages 8 et 9 du libelle. Vraiment elle est exprimée d'une manière fort ambiguë, fort obscure : mais on y voit toujours que le sieur Bellanger m'impute d'avoir voulu lui voler, par artifice, une somme de 10,000 francs; vol que j'aurais consommé, s'il ne s'en était aperçu, et s'il ne m'avait contraint à rendre gorge.

Eh bien, je vais exposer la chose clairement et nettement : cela seul suffira non-seulement pour ma justification, mais encore pour faire voir jusqu'à quel point le sieur Bellanger est capable de porter la méchanceté et l'imposture.

Au mois de décembre 1813, dans le temps que M. Léopold Lefebvre était à Paris et formait notre association, il lui fut fait quelques représentations sur le prix de certaines marchandises venues de sa manufacture, et par rapport auxquelles il lui fut demandé quelque rabais. M. Léopold en prit note, et de retour à Tournay, sa maison nous manda, par une lettre du 4 janvier 1814, adressée à notre Société, qu'elle consentait à nous faire deux remises, l'une de 14,000 f., montant de certains intérêts qu'elle pouvait prétendre; l'autre de 2,875 f. sur le prix de deux grands tapis, façon de savonnerie. C'était en tout, 16875 f. Il importe, au surplus, de voir en quels termes ces remises nous furent annoncées; les voici :

« Il résulte des dates des factures de ce compte, que le terme
« moyen des échéances serait déjà arrivé; qu'ainsi le tout devrait
« nous être payé maintenant, ou du moins que vous auriez à nous
« faire compte des intérêts; or, le terme moyen du réglement que
« vous allez nous remettre, étant de 20 mois au-delà de celui de
« l'échéance de nos factures, il s'ensuit que ne vous exigeant pas
« d'intérêts, c'est comme si nous vous passions une remise de 10
« pour cent soit de 14,000 fr.

« Nous pensons, Messieurs, que cet objet est assez majeur,

« pour venir en compensation de l'indemnité ou rabais que vous
« nous avez demandé sur les grands tapis de savonnerie , ou tout
« autre article.

« Cependant , pour vous donner une nouvelle preuve de notre
« condescendance , et du désir que nous avons de vous donner
« toute facilité dans vos ventes , outre l'objet ci-dessus , nous
« consentons à vous faire une réduction de 10 pour 100 sur le prix
« des deux grands tapis de savonnerie ; ils s'élèvent ensemble ,
« suivant nos factures des 3 et 6 décembre 1811, à 28,756 f. C'est
« donc de 2,875 f. dont nous vous créditons pour ce rabais. »

Il n'est personne sans doute qui ne juge que ces expressions, con-
tenues dans une lettre adressée à la Société , c'est-à-dire à MM. *Bellanger et Vayson*, me donnaient au moins lieu de penser que la
remise accordée l'était à la Société elle-même, et non au profit seul
du sieur Bellanger. Ce fut aussi ce que je crus ; et, chargé de rédiger
le premier inventaire auquel on travaillait alors, j'opérai en conséquence de cette idée ; ce qui était , au reste , non pas vouloir enle-
ver au sieur Bellanger et m'approprier une somme de 16,875 francs,
mais seulement supposer qu'il devait m'en être attribué un tiers ; car
les deux autres tiers devaient toujours lui revenir, à cause de sa
double part dans les bénéfices.

Mais le sieur Bellanger fut d'un autre avis. Il prétendit qu'au
moins la remise de 14,000 fr. pour intérêts devait ne profiter qu'à
lui seul ; et, pour cette raison aussi , il refusa de signer l'inventaire.

Nous étant obstinés de part et d'autre , non-seulement la difficulté
ne fut point alors résolue entre nous, mais elle subsista durant plus
de deux années. Vainement je proposai cent fois de nous en rapporter à la décision de MM. Piat Lefebvre, qui savaient bien sans
doute quelle avait été leur intention. Le sieur Bellanger ne consentit
jamais de se soumettre à cette sorte d'arbitrage ; il voulait, comme
il l'a voulu en toute occasion, emporter la chose d'autorité.

Enfin pourtant, il fallut en finir; et, vers la fin de 1816, M. Léopold Lefebvre étant à Paris, je fis tant, que la contestation lui fut soumise. Or, quel fut son avis? Il ne décida point précisément la question , mais il proposa un moyen terme : et ce fut que , sur la remise de 14,000 francs pour intérêts , 10,000 fr. seraient regardés comme accordés pour le profit seul du sieur Bellanger, et 4,000 fr. seulement pour celui de la Société ; c'est-à-dire , encore, que je ne participerais point , comme je l'avais prétendu , pour un tiers , à cette somme de 10,000 francs; ce qui était pour moi une différence de 3,333 fr. D'ailleurs, il proposa que, pour effectuer cet arrangement sans aucun embarras , et sans revenir sur l'inventaire de 1814 , qu'on laisserait subsister tel qu'il était , le sieur Bellanger fût simplement crédité d'une somme de 10,000 fr. sur les bénéfices de l'année courante. C'est aussi ce qui fut accepté et exécuté dans le prochain inventaire du 1er. mai 1817. Le sieur Bellanger y fut effectivement crédité de 10,000 fr. D'ailleurs , l'arrangement fut relaté tout au long dans le livre-journal, où on peut le voir, et la contestation fut terminée.

Telle est l'histoire exacte de cette affaire. N'est-il pas évident qu'il n'y a qu'une extrême malice qui ait pu y trouver, je ne dirai pas le sujet, mais le prétexte d'une accusation de vol ?

Le sieur Bellanger n'a pu aussi en venir à bout qu'en présentant les choses sous un faux jour, en termes fort ambigus, et avec des réticences affectées. C'est ainsi qu'en disant qu'une *personne* était présente à ce qu'il appelle *l'éclaircissement,* il évite de dire que cette personne était M. Léopold Lefebvre , et qu'il fut, non pas seulement témoin , mais arbitre.

Il a dû même faire plus ; il a dû entasser mensonge sur mensonge : et c'est ainsi encore qu'il a allégué qu'il ne s'était nullement mêlé de l'inventaire de 1814, qu'il me l'avait laissé faire comme j'avais voulu, et qu'il n'avait pensé qu'en 1817 à le vérifier.

Mais quoi? Je m'associe au sieur Bellanger; j'ai été jusque-là tout-à-fait étranger à la maison; je le suis même aussi à son genre de commerce : on procède au premier inventaire , c'est-à-dire , à celui qui doit être la base de notre association et de toutes nos opérations ultérieures ; et le sieur Bellanger ne s'en mêle en aucune manière, et il me laisse agir tout comme ilmeplaira ! A qui espère-t-il persuader une telle absurdité ?

Il s'en mêla si bien , qu'il nota lui-même et de sa propre main , sur un état écrit par le garçon de magasin, les réductions à faire sur les prix des diverses marchandises. J'ai en main, et je puis produire cet état.

Il s'en mêla si bien, qu'il éleva toutes sortes de difficultés sur le mobilier, qu'il voulait évaluer excessivement ; qu'en conséquence , il fallut le faire estimer par un architecte vérificateur, le sieur Pouget ; lequel, suivant son procès-verbal que j'ai aussi en main, n'en porta la valeur, pour toute la menuiserie, qu'à 1,241 fr. 15 cent. ; à quoi ajoutant le prix de quelques glaces et de quelques siéges, on serait arrivé à peine à 2,200 fr., mais que, pour en finir, on éleva dans l'inventaire jusqu'à 5,000 fr.

Il s'en mêla si bien, qu'il abusa de plus d'une manière de mon défaut de connaissance de ces sortes de marchandises; qu'il y en eut de portées comme neuves qui avaient déjà servi; et qu'il fit comprendre encore dans l'inventaire de vieux coupons, de vieilles pièces d'étoffe qu'on alla chercher dans les galetas, dont on éleva le prix au triple, au quadruple de leur valeur réelle, et qui sont et seront éternellement dans le magasin.

Il s'en mêla si bien, qu'alors fut agitée la question relative à la remise accordée par MM. Piat Lefebvre, et que ce fut à cause de mon refus d'accéder à sa prétention, qu'il refusa lui-même de donner sa signature.

(1) Il est donc clair que son accusation de vol n'est qu'une infâme calomnie, un tissu d'absurdités et de mensonges.

Du reste, M. Léopold Lefebvre ne statua pas seulement sur l'affaire de la remise ; il prononça encore sur celle de la vente faite au sieur Meyer, de laquelle j'ai parlé ci-dessus. Scandalisé de voir que le sieur Bellanger eût consenti de me faire supporter la perte résultant de cette vente, il exigea que ce tort fût réparé, et qu'à cet effet, je fusse pareillement crédité, sur les bénéfices de l'année courante, de la somme de 3,726 francs, dont j'avais été débité dans l'inventaire du 1er. mars 1815 : ce qui, au surplus, fut également exécuté et relaté dans le journal. Ainsi, cette réparation ne fut pas, comme je l'ai dit, un acte tout-à-fait volontaire de la part du sieur Bellanger.

Et ce n'est pas à lui, non plus, mais bien encore à M. Léopold Lefebvre, que je fus redevable, en 1817, de la nouvelle convention souscrite le 22 novembre, qui me reconnut associé pour la moitié dans les bénéfices comme dans les pertes, à compter du 1er. mai de cette même année. Le sieur Bellanger s'en vante (page 2) comme d'un grand acte de *libéralité* de sa part. Mais la vérité est que ce fut un acte de toute justice, puisque ma mise avait été constamment au moins double de celle du sieur Bellanger, et que j'étais chargé à peu près de tout le travail. La vérité est cependant que je ne pus l'obtenir que par l'entremise de M. Léopold Lefebvre.

Et qu'on ne dise pas que du moins le sieur Bellanger se montra libéral en déférant aisément à cette entremise. Il savait bien que, dans l'état actuel de nos rapports avec MM. Piat Lefebvre, ce ne serait point impunément qu'il manquerait aux égards qui leur étaient dus, et qu'il se refuserait à une chose qu'ils auraient trouvée juste et convenable.

---

(1) Dans un note mise au bas de la page 8 de son Libelle, le sieur Bellanger suppose, contre toute vérité, qu'il avait d'abord un capital libre de 56,000 fr. Mais dans l'exemplaire adressé à l'une des autorités avec qui j'ai des rapports, il a très-soigneusement effacé cette note, et je comprends bien pourquoi.

, Je reviens maintenant à parler de la dissolution de la Société.

Sur cela, je ne perdrai point mon tems à réfuter tout ce que dit le sieur Bellanger du prétendu dessein que j'avais formé de m'emparer de la maison; des artifices que j'employai pour le dissimuler; de la *comédie que je jouai,* ce sont ses expressions, en feignant de chercher tantôt un domaine à acheter, tantôt quelqu'un à qui je pusse transporter la part que j'avais dans le commerce, etc.

Par rapport à toutes ces allégations hasardées méchamment et sans preuve, je n'ai à dire qu'un mot, et je le dis sans détour, sans formule de politesse; car les injures du sieur Bellanger m'en ont sans doute bien dispensé : c'est qu'il en a menti.

J'ajouterai pourtant un seul fait : c'est qu'effectivement je cherchai, avec beaucoup de soin, un acheteur pour ma part dans le commerce, et que j'eus constamment pour réponse celle que me fit un de nos correspondans que j'avais prié de m'aider dans ma recherche. S'il s'agissait, me dit-il, d'acheter la part du sieur Bellanger pour demeurer votre associé, on aurait bientôt vingt personnes à vous proposer; mais s'agissant d'acheter votre portion pour être avec le sieur Bellanger, posez en fait que vous n'en trouverez pas une seule. Une réponse plus vive et plus décourrgeante encore me fut même faite par un homme qui connaissait très-bien la maison, et à qui j'avais fait proposer de prendre ma place. Il me manda, par une lettre du 4 janvier dernier : *J'étais avec M.... lorsqu'il reçut la lettre dont vous me parlez : il me la communiqua, et me proposa d'aller vous remplacer. Vous vous imaginez bien, monsieur, quelle fut ma réponse. J'aurais presqu'autant aimé qu'il m'eût proposé d'aller passer dix ans à Bicêtre, que d'aller vivre avec M. Bellanger.*

J'avais cependant trouvé une personne qui aurait pu ne pas appréhender le sieur Bellanger : mais il fit bientôt connaître qu'il n'en voulait pas.

En un mot, la dissolution étant devenue absolument nécessaire, la voulant à tout risque, et ne pouvant rien conclure, rien traiter avec un homme tel que le sieur Bellanger, je fus obligé de me pourvoir devant le tribunal de commerce, ce que je fis par exploit du... janvier dernier.

Ce fut, selon le sieur Bellanger, un grand tort de ma part, un procédé inouï, incroyable; et il est curieux de voir comment il le prouve.

J'avais écrit (dit-il page 5 du libelle) *à M. Vayson une lettre pleine de mesure, et telle que mon caractère et mon experience pouvaient me la dicter. Quelle fut sa réponse? qui le croirait? Une assignation au tribunal de commerce; un procès intenté dans toutes les formes.*

Eh bien ! voici cette lettre dictée, on ne peut en douter, par le caractère du sieur Bellanger, et écrite de sa propre main.

Paris, le 27 janvier.

« Considerant, monsieur, que la violence de vos passions trouble votre raison;
« et qu'il reste démontré et notoire, par votre lettre d'hier, que vous avec renoncé
« a toutes les bienséances, et perdu toute retenue vis avis de moi. Que jettant
« enfin le masque qui vous coûttait tant a porter; vous ne craignez pas de mettre
« en évidence votre nuditée : Je vous prévient que, desormais je ne peux ni ne dois
« recevoir n'y vos injures n'y vos lettres.

Signé BELLANGER.

P. S. Votre impertinent post-scriptum me force de vous déclarer que le nouvel employer que vous jugé convenable de garder bien qu'il n'est rien a faire maintetenant, sera a commancer du 1er. février prochain pour votre compte (1).

---

(1) Cette lettre, copiée exactement *prout jacet*, en manifestant le caractère du sieur Bellanger, fait voir encore combien il connaît les règles de l'orthographe. Il est permis sans doute à un marchand de tapis d'ignorer ces régles; mais pour qu'on ne le remarquât point, il devrait ne pas afficher des prétentions de toute espéce, jusqu'à celle de composer, soit en vers, soit en prose, des charades en drame, des parades, des comédies, et de les jouer même dans les magasins, convertis alors en salle de spectacle.

Sera-t-on étonné qu'après une telle lettre, ma réponse ait été une assignation devant le tribunal du commerce ? On le sera peut-être que je n'aie pas répondu encore d'une autre manière.

Si du moins le sieur Bellanger pouvait dire qu'il avait été provoqué : mais bien loin de là. Dans la correspondance que j'avais eue avec lui au sujet de la dissolution ; c'est-à-dire, dans les quatre lettres que j'avais dû lui écrire, il n'y avait pas une seule phrase , pas un seul mot dont il put s'offenser. Je n'ai pour le prouver qu'à faire imprimer ci-dessous ces mêmes quatre lettres , dont, au reste, aucune ne fut écrite sans qu'auparavant la minute eût été soumise à l'homme sage et éclairé qui était et qui veut bien être encore mon conseil. C'est M^e. Palais, avocat et agréé au tribunal de commerce.

Le sieur Bellanger dit bien que je lui avais fait des propositions *tellement absurdes*, *tellement injustes*, *qu'il ne pouvait pas les accepter*. Mais ces propositions, dictées ou du moins examinées et approuvées également par mon conseil , en quoi consistaient-elles ? Comme on peut le voir par mes lettres , après avoir invité le sieur Bellanger à communiquer lui-même ses idées sur les arrangemens qu'on pourrait prendre ; après avoir accédé au désir qu'il avait témoigné de ne faire intervenir aucun tiers dans nos affaires ; après qu'il eut paru souhaiter que, pour terminer, un de nous prît la maison, en indemnisant l'autre convenablement , et qu'il m'eut engagé à lui faire sur cela mes propositions ; je lui proposai effectivement de traiter d'après les bases suivantes ; savoir :

1°. Que celui qui prendrait la maison paierait comptant à l'autre une somme de 30,000 fr. à titre d'indemnité et de pot-de-vin;

2°. Qu'il lui paierait de même ce qui serait reconnu lui appartenir dans les fonds sociaux , en conséquence de l'inventaire qui serait fait;

3°. Qu'il lui donnerait, par rapport aux dettes restantes à acquitter, toutes les sûretés et garanties nécessaires, à l'effet qu'il n'eût plus à craindre d'être inquiété.

D'ailleurs, je déclarai très-expressément que je laissais au sieur Bellanger liberté pleine et entière de choisir et de prendre ou de céder la maison à son gré.

Sont-ce là des propositions *absurdes, injustes, offensantes*, et pouvais-je même en faire de plus équitables?

Cependant, ma demande ayant été portée devant le tribunal, nous fûmes renvoyés, selon la règle, par-devant des arbitres ; et dès la première séance, du 15 février, ces messieurs prononcèrent la dissolution ; à quoi les parties acquiescèrent et souscrivirent sur-le-champ.

Une seconde séance eut lieu le 24 du même mois; et dans celle-ci, avec même acquiescement des parties, les arbitres 1° établirent un état provisoire de la maison, en chargeant, savoir, le sieur Bellanger, de la direction des travaux, et moi, sieur Vayson, de celle de toutes les affaires, ainsi que de la caisse, me nommant en même tems liquidateur.

2°. Ils établirent aussi que je dresserais l'inventaire , sauf la vérication à faire par le sieur Bellanger.

3°. Ils statuèrent que, dans le cas où nous ne pourrions pas nous accorder à l'effet que l'un de nous prît la suite et le fonds du commerce à un prix convenu , la vente en serait faite publiquement et aux enchères, devant le notaire royal Me Berçon.

Il est, du reste, à remarquer qu'occupé principalement et presque uniquement de l'objet et du désir de me séparer du sieur Bellanger, j'avais simplement demandé devant MM. les arbitres et par mes conclusions insérées au protocole demeuré entre les mains de M. Bonnelet, l'un d'entre eux; j'avais, dis-je, demandé seulement : 1° qu'il fût nommé un gérant liquidateur de la maison , étranger et autre que

l'un des deux associés ; 2º qu'il fût procédé à la vente des marchandises, et au paiement de toutes les dettes ; 3º. que le restant, s'il y
en avait , fût partagé entre le sieur Bellanger et moi.

Ainsi , pour parvenir à cette séparation tant souhaitée, je consen-
tais de sacrifier ce que je pouvais espérer de ma part dans le fonds
du commerce; part qui peut bien être évaluée à 40,000 fr. , puisque
c'est le prix que je me suis obligé à payer pour celle du sieur
Bellanger.

Les choses étaient à ce point , lorsque M. Léopold Lefebvre arriva
à Paris. L'état de la maison lui étant parfaitement connu , il ne lui
fut pas difficile de juger qu'elle serait à peu près anéantie, et que les
deux associés auraient à subir une perte immense , s'il fallait en venir
à une vente judiciaire. Il vit d'ailleurs, d'après toutes les circonstances, qu'il n'y avait qu'un seul parti à prendre , et auquel il me
détermina : c'était que je prisse moi-même le commerce, en indemnisant le sieur Bellanger ; et, dans cette vue, il posa les bases d'une
transaction à faire , bases que le sieur Bellanger agréa et auxquelles
j'acquiesçai.

Alors le projet de la transaction même fut dressé sous les yeux et
la direction de M. Léopold; il fut ensuite remis au sieur Bellanger
et à son conseil, Mᵉ. Dechegoin, qui y fit diverses annotations ; il
fut examiné et annoté de même par mon conseil Mᵉ. Palais. Mᵉ. Dechegoin voulut bien encore le faire mettre au net dans son cabinet,
et en faire écrire deux exemplaires sur papier timbré ; enfin, le 5 de
mars , les deux exemplaires furent signés par le sieur Bellanger et
par moi, dans son appartement et en présence de M. Léopold
Lefebvre.

Du reste, le 11 du même mois, et pour satisfaire au vœu de l'or-
donnance du commerce , une seconde transaction portant en subs-
tance les dispositions de la première, fut pareillement rédigée ,

signée, et de plus, remise au greffe du tribunal de commerce pour y être transcrite et publiée selon les formes prescrites. Ainsi, l'affaire fut entièrement et régulièrement consommée.

Il restait pourtant une chose à faire selon les usages du commerce. C'était d'annoncer cette consommation aux correspondans de la maison, et, à cet effet, M. Léopold-Lefebvre voulut bien encore prêter ses bons offices. Il prit la peine de rédiger lui-même la lettre circulaire qui devait être écrite, et aux expressions de laquelle il attachait quelqu'importance. Cette lettre approuvée par le sieur Bellanger fût aussitôt envoyée à l'impression, et en ayant été tiré un assez grand nombre d'exemplaires, il en fut signé environ cent cinquante par le sieur Bellanger et par moi.

Comme, pour prononcer sur la demande qui vous est maintenant soumise, il faudra, Messieurs, que nos transactions vous soient présentées, il serait inutile et d'ailleurs trop long d'en rapporter ici toutes les dispositions qui sont en grand nombre. J'en rappellerai seulement quelques-unes principales.

1°. La dissolution de la Société est confirmée, et l'époque en est fixée au 5 de mars.

2°. La suite et le fonds du commerce avec toute ses dépendances me sont cédés, transportés, et pour prix de la part afférante au sieur Bellanger, et pour indemnité, je m'oblige à lui payer la somme de 40,000 fr.

3°. A l'effet de liquider son avoir dans les fonds sociaux, je suis chargé de dresser et rédiger l'inventaire dans le plus court délai possible, sauf à lui à le vérifier.

4°. Quant à l'estimation à faire aussi par moi des marchandises, il est dit que celles qui étaient arrivées en 1821, 1820 et 1819, seront estimées sur le pied de ce qu'elles ont coûté, lors de leur entrée en magasin ; qu'il en sera de même pour celles qui , quoique arrivées antérieurement, seraient d'un débit facile et courant ; enfin que pour les marchandises avariées , passées de goût et généralement de difficile débit, je les estimerais comme je le jugerais convenable, mais que, pour éviter toute difficulté et toute expertise , le sieur Bellanger aurait la faculté de les prendre en totalité ou en partie, à un rabais de dix pour cent au-dessous de mon estimation, sur quoi il s'expliquerait dans un délai de six semaines.

5°. Il est dit aussi que, quant aux 40,000 fr. attribués au sieur Bellanger et même encore pour les autres sommes qui lui reviendraient jusques à la concurrence en tout de 100,000 fr., je serais obligé de les garder dans mes mains et d'en payer les intérêts sur le pied *de 8 pour cent*, pendant cinq ans, sauf néanmoins au sieur Bellanger d'en exiger le paiement, en tout ou en partie, quand il le voudrait, en m'avertissant trois mois d'avance.

6°. Le sieur Bellanger est autorisé à demeurer dans l'appartement qu'il occupe dans la maison, jusques au 1er. janvier prochain , sans payer aucun loyer.

Tels furent nos pactes principaux, dont, pour ce qui me concerne, j'accélérai autant qu'il m'était possible l'exécution. En effet, ayant été mis en possession du commerce, en ayant pris toutes les affaires en main, et fait toutes les dispositions que le nouvel ordre de choses exigeait, je m'occupai aussitôt de l'inventaire, que dès le 22 de mars je fus en état de remettre tout écrit de ma main au sieur Bellanger, lequel pourtant ne m'en accusa la réception que le 27. D'ailleurs, même tandis que j'y travaillais encore, je l'avais invité à commencer d'en faire la vérification, et effectivement nous en avions examiné ensemble divers articles. Mais tout-à-coup, voilà qu'il se montre irrité, courroucé hors de toute mesure, et menaçant de toute sorte d'hostilités.

4

Le seul récit que je viens de faire prouve assez, ce me semble, qu'il n'en avait aucune raison, et qu'il avait tout lieu, au contraire, de paraître satisfait.

Il se trouvait débarrassé de moi, ce qui était, selon son libelle, l'objet principal de ses vœux.

Il se trouvait aussi (et je puis vraiment dire grâce à mes soins et à mon travail) il se trouvait, au moyen des 40,000 fr. qui lui étaient assurés et de ce qu'il avait à prendre dans les fonds sociaux, infiniment plus riche qu'il ne l'avait jamais été, et notamment qu'il ne l'était en 1813, au bout de sept ans d'association avec le sieur de Limbourg, époque où son avoir s'était trouvé réduit à 5772 fr., ou plutôt à rien du tout.

D'ailleurs, tout s'était passé à son gré, avec toute la décence, la maturité, la justice qu'on pouvait attendre de la sagesse et des lumières de deux arbitres ; de la médiation de M. Léopold-Lefebvre, et de l'assistance de deux conseils tels que M. Palais et M. de Chegoin. Quelles plaintes avait-il donc à former ? Il faut les chercher dans son libelle, où même on ne peut trop les comprendre.

Je ne m'arrêterai point à ce qui peut se rapporter à nos transactions. On sent que de tels actes sont, et par leur nature et par l'exécution qu'ils ont reçue, au-dessus de toute attaque, de toute critique,

A cet égard, d'ailleurs, le sieur Bellanger ne sait vraiment ce qu'il dit. Il confond les faits, les dates, les actes mêmes ; il brouille tout : il tombe dans des contradictions et des absurdités tout-à-fait singulières : qu'on en juge par cet exemple.

Aux dernières pages du libelle, il se fâche, il s'emporte contre cette expression de la lettre-circulaire portant qu'il m'a cédé *amia-blement* la suite du commerce. Il dit que s'il signa cette lettre, ce fut seulement par faiblesse et vaincu par mes *supplications*. Il ne veut pas qu'il soit dit que ce qu'il appelle notre séparation *a été fai*[t] *à l'amiable* : c'est à tort qu'on le lui a fait reconnaître : c'est à tort que je le publie : il proteste, et il a, dit-il, la vérité pour lui.

Mais la transaction du 5 mars ne dit-elle pas expressément : *Les parties désirant que la dissolution de leur société soit effectuée à l'amiable?*

Mais celle du 11, déposée au greffe du tribunal, ne porte-t-elle pas aussi : *voulant terminer à l'amiable ?*

Mais transiger n'est-ce pas par le fait même, et sans qu'on ait besoin de le dire, *traiter à l'amiable ?*

Mais enfin un homme, qui a passé l'âge de raison, peut-il décemment désavouer, contredire le contenu d'un écrit dont il a signé plus de cent exemplaires imprimés ?

Peut-être, au reste, le sieur Bellanger aurait dû respecter un peu plus cette lettre circulaire, qu'il sait bien avoir été rédigée par M. Léopold-Lefebvre.

Mais c'est principalement sur l'exécution de nos accords, que portent les plaintes du sieur Bellanger. Voyons si elles ont quelque juste fondement.

1°. Il s'étonne, il se fâche de ce que mon inventaire n'est pas tout-à-fait comme ceux que nous faisions annuellement durant le cours de notre société, quoiqu'au vrai il n'y ait, comme on pourra le voir, aucune différence quant à la forme, et qu'elle soit peu considérable, quant aux résultats. Cependant, ne lui a-t-on pas bien expliqué et n'a-t-il pas dû comprendre que cette différence était indispensable? que dans les inventaires courans et annuels, prescrits par la loi, il n'est question pour les associés que de connaître par approximation l'état de leurs affaires, et qu'en conséquence il importe peu que les évaluations soient un peu trop hautes, ou un peu trop basses, parce qu'il ne peut y avoir personne de lézé? mais qu'il n'en est pas ainsi d'un inventaire définitif fait après dissolution ; car alors il s'agit de voir, de vérifier au juste ce qui revient à chacun des associés, ce qui exige nécessairement des évaluations exactes, sans quoi l'un d'entre eux pourrait souffrir un grand préjudice ?

2°. Il allègue que j'ai trop peu estimé certaines marchandises, auxquelles j'étais autorisé, par nos transactions, à donner le prix que je jugerais convenable. Mais ces mêmes transactions n'ont-elles pas pourvu à ce que le sieur Bellanger ne pût recevoir aucun dommage? ne lui ont-elles pas donné la faculté de prendre, en totalité ou en partie, les marchandises qu'il trouverait trop peu estimées, avec un rabais de dix pour cent au-dessous de mon estimation ? N'a-t-il pas même voulu user de ce droit, en demandant, par exploit du 7 de mai, qu'un certain nombre de ces marchandises lui fût délivré, sur quoi je lui ai déclaré que j'étais prêt à le satisfaire ? Que s'il a paru, après cela, abandonner cette demande, il en a eu sans doute quelque raison, et ne serait-ce pas parce qu'il a reconnu qu'il n'y trouverait rien à gagner?

Pour moi, je crois avoir estimé non pas seulement au juste, mais encore avec une complaisance très-préjudiciable à mes intérêts, et je pourrais en citer plusieurs exemples. Ainsi j'ai porté à 11,248 fr. trois anciens tapis, que je consens bien volontiers de céder, soit au sieur Bellanger, soit à tout autre, pour 9,000 fr.

3°. Il crie sans cesse qu'il y a dans mon Inventaire des *omissions de toute espèce, des erreurs grossières*, ce sont ses expressions les plus douces ; mais pourquoi, n'en articule-t-il, n'en spécifie-t-il aucune? Nos actes ne lui donnent-ils pas le droit de faire la vérification ? N'en a-t-il pas usé comme il l'a voulu? Pourquoi donc n'entend-on de sa part que des plaintes, des accusations vagues et par conséquent insignifiantes?

Il se peut, sans doute, qu'il y ait dans mon Inventaire, non pas des fautes telles que le suppose le sieur Bellanger, mais des erreurs qui me soient échappées ; car je n'ai pas la prétention d'être infaillible. J'ai travaillé certainement avec beaucoup de soin, y étant engagé par la justice, et même encore par la prudence, sachant bien, quoi qu'en dise le sieur Bellanger, qu'il éplucherait mon travail avec des intentions peu amicales. Mais j'ai eu plus de mille articles à inventorier, et comment éviter qu'il n'y en eût quelqu'un d'omis ? j'ai eu à faire des milliers d'opérations arithmétiques, souvent compliquées de conversion de mesures et de fractions, comment s'assurer que toutes étaient parfaitement exactes ? Mais n'est-ce pas la reconnaissance et la rectification de ces erreurs qui devaient être l'objet de la vérification, et n'ai-je pas toujours offert de les réparer, s'il y avait lieu ? J'ai fait plus : j'ai déclaré celles que j'avais reconnues moi-même, et c'est ainsi que m'étant aperçu que quatre ou cinq objets peu importans, une pièce de jaspé et quatre tapis de foyer, avaient été omis, parce qu'on les avait déplacés, j'ai proposé de les ajouter à l'Inventaire.

Non, dit le sieur Bellanger (page 7 de son libelle), non, vous n'avez pas voulu qu'on vérifiât. J'ai amené un vérificateur, le sieur Polino, teneur de livres ; *on ne peut concevoir dans quelle agitation sa présence vous a jeté.* Vous avez été effrayé, vous n'avez plus été le maître de vous-même, et *votre emportement* a empêché ce vérificateur de travailler.

Sur ces allégations et sur les beaux détails dont elles sont ornées, j'aurais bien lieu de répéter le mot un peu brusque que le sieur Bellanger m'a déjà mis dans le cas de lui dire. Mais j'aime mieux me posséder et répondre de sang-froid.

D'abord il se présente une réflexion bien simple à faire. Si j'avais refusé ainsi de me prêter à la vérification, le sieur Bellanger n'au-

rait-il pas usé du droit qu'il avait de m'y contraindre , ou du moins
de me mettre en demeure ? Il né l'a point fait , et cela seul ne
prouve-t-il pas que , même malgré ses impolitesses, ses grossiè-
retés', et disons encore ses injures ; il n'avait éprouvé aucune
résistance ?

Mais, en second lieu, peut-il nier et n'avoue-t-il pas lui-même
que le sieur Polino travailla à vérifier durant je ne sais combien de
séances consécutives , de quatre ou cinq heures ; que je lui commu-
niquai tous les livres, tous les papiers qu'il voulut , et qui portent
même encore les preuves matérielles de son travail , car ils sont
pointés, notés de sa main en cent et cent endroits ; que je lui donnai
encore tous les éclaircissemens , toutes les explications qu'il demanda ; et qu'en un mot, loin d'éprouver de ma part quelque procédé dont il pût s'offenser, il n'eut qu'à se louer de ma conduite à
son égard.

Je pus bien voir vraiment , dès les premières séances, que choisi,
amené, et sans doute payé par le sieur Bellanger, il était venu avec
des préventions peu favorables qui lui avaient été inspirées : qu'il
pensait n'avoir à faire en moi qu'à un petit commis ingrat et rebelle
envers son patron, et dont il avait été appelé pour reconnaître et
corriger les fautes ; que peut-être encore il avait reçu des instructions
tendantes à un autre but qu'une simple vérification.

Je pus bien voir aussi que , teneur de livres par profession , et en
conséquence amateur des *parties doubles* , il fut peu satisfait de
trouver nos écritures *en parties simples* , car c'est ainsi que nous les
avions tenues , d'abord par économie, et de plus parce que cette
méthode, qui est toujours celle de la plupart des simples marchands
tels que nous, avait paru la plus convenable à notre genre de
commerce.

Cependant, je n'en fus pas moins honnête envers lui , et je ne
m'en prêtai pas moins à tout ce qu'il désira. Que s'il fut quelque
fois troublé , on ne peut l'imputer qu'aux folles incartades du sieur
Bellanger.

Le seul refus qu'il éprouva de ma part fut celui de laisser emporter le livre Journal qu'il me demanda, alléguant qu'en l'ayant chez lui, il pourrait travailler à toutes les heures de loisir qu'il aurait. Mais qui pourrait trouver ce refus extraordinaire? Des négocians consentent-ils aisément à ce que leurs livres et surtout leur Journal soient portés hors de leur maison, et dans les circonstances où je me trouvais, une telle facilité, de ma part, n'eût-elle pas été une extrême imprudence? Tout ce que je crus pouvoir faire, ce fut de prêter quelques états au sieur Polino ; et ces états ne me sont plus revenus.

Ce n'est pas tout : après un certain nombre de séances, le sieur Bellanger donna un second au sieur Polino ; lequel second travailla aussi seul. Ce fut le sieur Charreton, parent de la seconde femme qu'il a épousée le mois de mars dernier. Or, rien encore ne fut refusé au sieur Charreton, à qui même je crus devoir des égards plus particuliers. Il est jeune : il doit avoir la franchise de son âge, et d'ailleurs je lui crois un caractère et des principes honnêtes : je ne crains donc pas d'en appeler à son témoignage.

Il est donc faux que j'aie mis obstacle à la vérification. Je l'ai, au contraire, désirée, provoquée, et peut-être avec plus de sincérité que le sieur Bellanger, lequel sait bien, et par le travail qui a été fait, et par la connaissance qu'il a des affaires de la maison, que plus on vérifiera, et plus on verra que je n'ai voulu lui faire aucun tort, et plus aussi il sera constaté qu'il est un calomniateur.

Au surplus, ses calomnies ne peuvent plus en imposer. Il a beau crier vaguement aux omissions, aux erreurs grossières, aux injustices. On lui répondra : Indiquez, articulez, prouvez ; jusque-là toutes vos plaintes ne peuvent être regardées que comme d'injurieux mensonges.

J'en trouverais encore beaucoup d'autres non moins odieux à relever dans son libelle ; mais je m'arrête, et je suis las de me traîner dans l'ordure. Je crois d'ailleurs en avoir dit assez, et peut-être même trop pour ma justification.

Le sieur Bellanger prétend (page 8) qu'*honneur et bonne foi* ne sont point ma devise : on peut juger s'il est en droit de prendre ces mots pour la sienne.

> *An, si quis atro dente me petiverit,*
> *inultus ut flebo puer ?*
>
> Hor.

VAYSON.

P. S. D'après le conseil qui m'en est donné, je crois, Messieurs, devoir vous rendre compte encore d'une visite que j'ai faite, le 13 de ce mois, au sieur Polino, dans l'objet de réclamer les états que je lui avais confiés et dont j'ai parlé ci-dessus ; car d'ailleurs je ne pouvais avoir aucune autre raison de l'aller voir, ne le connaissant que par le travail qu'il était venu faire dans mon bureau, et pour avoir trouvé son nom dans les almanachs de commerce de 1820 et 1821, avec les qualifications soit d'*expert*, soit de *teneur de livres*, demeurant rue Sainte-Appolline, n° 9. J'avoue de plus (et en cela peut-être j'avais tort) que le choix fait de lui par le sieur Bellanger, et ce que j'avais vu de son savoir-faire, ne m'avaient inspiré ni une grande estime, ni une grande confiance.

Quoi qu'il en soit, lui ayant demandé mes états : « Ce sont *eux* « (me répondit-il) qui les ont ; je ne croyais pas qu'il fallût vous « les rendre ». C'est pourtant à vous, répliquai-je, que je les ai confiés. Si donc, comme vous le désiriez, je vous avais remis mes livres ! ... Et brisant là-dessus, je lui parlai du libelle du sieur Bellanger, dont je supposai qu'il avait quelque exemplaire qu'il pourrait me prêter. « Je n'en ai point (me dit-il) ; j'ai seulement ouï parler « de cet écrit ; mais j'ai conseillé de ne le point distribuer ».

Offrant alors de me donner ce qu'il appelait une marque de con-

fiance , il me proposa de me communiquer une lettre qu'il avait
écrite au conseil du sieur Bellanger, contenant une sorte de compte
rendu de ses séances dans mon bureau et du travail fait sur les écritures. J'acceptai , et, chose singulière , le sieur Polino ayant remué
quelques papiers pour chercher sa lettre , un exemplaire du libelle
fut le premier objet qui se trouva sous nos yeux.

Il est inutile de rapporter ce que je lui dis sur ce sujet; je ne veux
parler que du contenu de la lettre , dans laquelle je lus ce qui suit;
savoir :

Que l'apparition du sieur Polino (qui apparemment se croit un
homme d'importance et capable d'effrayer) m'avait étonné, décon-
certé (comme si je ne m'attendais pas que le sieur Bellanger vien-
drait avec un vérificateur quelconque ; car qu'aurait-il su faire seul
et par lui-même ?) ;

Qu'ayant refusé, à une première visite, de communiquer les
livres et les papiers , j'y avais enfin consenti dans une seconde et
autres subséquentes; mais qu'il avait trouvé certains de ces papiers in-
formes et insuffisans ;

Que le travail, en diverses séances , avait été troublé par les querelles qui s'étaient élevées (sur quoi il aurait pu ajouter que ces querelles n'avaient été suscitées que par les indécentes boutades du sieur
Bellanger);

Que mon inventaire lui avait également paru informe, insuffisant,
et que je devais en faire un autre;

Qu'à son avis, il convenait d'établir un grand livre , un autre
livre d'entrées et sorties; un compte courant pour tous les débi-
teurs et les créanciers , etc. (Vous êtes orfèvre, M. Josse !);

Qu'il fallait que tout cela fût remis , avec les factures et les pièces
justificatives, au sieur Bellanger, lequel ne tarderait pas ensuite à
s'expliquer ;

Que si le sieur Bellanger avait su qu'il y eût autant de marchandises anciennes en magasin , (comment et pourquoi ne le savait-il pas ?) il aurait continué le commerce : (comme s'il avait été le maître de prolonger à son gré la durée de la société.)

La lecture de tout cela ne me surprit point , car je pensais bien que le sieur Polino , choisi, employé et payé par le sieur Bellanger, avait dû songer à gagner son argent.

Je lui fis néanmoins sur toutes ces belles choses , quelques observations qu'il ne put pas trop contredire , et sur lesquelles il s'excusa , comme il put , offrant , au surplus , de déclarer par une lettre qu'il m'écrirait (et dont assurément je n'ai que faire), qu'après tout , je ne m'étais pas trop mal conduit , et que dans la suite , je m'étais prêté , sans mauvaise grâce , à ce qu'il avait désiré.

Vous approuverez sans doute , Messieurs , que je ne me mette point dès à présent à discuter cette lettre. Il faut voir auparavant quel usage le sieur Bellanger trouvera bon d'en faire. D'ailleurs , quel besoin puis - je avoir de répondre en détail aux assertions du sieur Polino ?

Quant aux faits , ma parole valant bien , j'ose le croire , tout autant que la sienne , il me suffit de dire qu'il a altéré , dissimulé, présenté sous un faux jour à peu près toutes les circonstances.

Et pour ce qui est de ses opinions , elles ne seront pas assurément la règle des vôtres. Vous verrez , vous jugerez par vous - mêmes , puisque tout sera mis sous vos yeux ; et vous n'aurez certainement besoin , ni des instructions du sieur Polino , ni de celles d'aucun autre.

Qu'il me soit permis de vous présenter seulement une réflexion assez simple , qui, si elle avait été comprise par le sieur Bellanger

et par le sieur Polino, aurait épargné, à l'un bien des raisonnemens peu justes, et à l'autre bien du travail peu utile.

J'ai été, non pas le commis du sieur Bellanger, non pas un
homme payé pour gérer *ses affaires*, comme il voudrait le faire
entendre (1), mais bien son associé, ayant, même plus d'intérêt
que lui dans la société, puisque j'y avais plus de fonds. Je n'étais
donc pas plus comptable envers lui qu'il ne l'était envers moi, et
d'ailleurs gérant, administrant, achetant, vendant, signant... etc.
tous les deux également et avec le même pouvoir ; ce qui était fait
par l'un était toujours fait ou censé fait pareillement par l'autre.

Si donc l'administration avait été mauvaise, si les affaires avaient
été mal conduites, si toute la vigilance, toute l'économie possibles
n'avaient pas été employées, nous aurions eu également tort tous
les deux, et je ne pourrais pas plus en demander raison au sieur
Bellanger, que lui à moi (2).

Si donc aussi, et pour en venir aux livres et écritures, il a paru
bon de les tenir en *parties simples* ; si tout cet appareil, que le
sieur Polino paraît tant aimer, de grand livre, de livres d'entrée
et de sortie, de compte courant, etc. souvent superflu et négligé
chez de simples marchands tels que nous, a paru peu important
pour notre commerce, et ne devoir servir qu'à occasionner une
plus grande dépense en commis, etc. ; si nous nous sommes bornés
à ce qui était nécessaire selon la loi et selon nos intérêts ; quand
même en cela nous aurions failli, la faute n'en serait pas plus à
moi qu'au sieur Bellanger. Que ne proposait-il d'adopter une autre
méthode ?

____

(1) En parlant des affaires de la Société, le sieur Bellanger dit presque toujours
mes affaires. V. page 4 du libelle et autres.

(2) Je sais bien que le sieur Bellanger, oubliant toujours que notre maison n'était
après tout qu'une *boutique* de tapis, et aimant d'ennoblir les choses par les ex-

Il y a plus, si à l'exemple de tant de marchands, nous avions négligé de tenir un journal bien en forme, timbré, cotté, paraphé, etc. ; si même nous n'avions tenu de livres d'aucune espèce, nous aurions été imprudens et répréhensibles sans doute ; mais le reproche n'en pourrait pas être fait à moi plus qu'au sieur Bellanger, qui n'était pas moins intéressé et moins obligé à veiller à ce que tout fût en règle.

Mais au fond, ce ne sont là que des suppositions. Les livres prescrits par la loi, savoir le livre-journal et celui des inventaires ont été tenus par moi, avec toute la netteté et l'exactitude requises : ils sont tels en conséquence, qu'en y cherchant avec bonne foi, on peut aisément trouver tout ce qui peut être nécessaire : aussi, n'y a-t-il jamais eu lieu à la moindre contestation, au moindre malentendu avec nos correspondans. J'y ai d'ailleurs joint tous les autres états et écrits qui pouvaient être utiles ; j'ai recueilli, classé, rangé les factures, les comptes, les lettres, etc. ; ensorte que je puis les représenter à chaque instant. Si maintenant le sieur Bellanger veut quelque chose de plus, qu'il le fasse faire, pourvu que ce soit à ses frais, et sans venir me troubler, me déranger dans mon commerce.

VAYSON.

---

pressions, a imaginé cette belle phrase qu'il répète souvent : *J'avais, moi, la comptabilité en deniers, et le sieur Vayson était chargé de la comptabilité en matières.* Mais cette phrase n'est-elle pas une vraie absurdité ? Car enfin, et sans discourir plus au long, le sieur Bellanger était-il étranger aux magasins ? n'y avait-il pas ses entrées tout comme moi et même plus que moi, à cause de la disposition du local ? Ne vendait-il pas, n'achetait-il pas, n'ordonnait-il pas, ne disposait-il pas, tout comme moi, des marchandises ? Ne faisait-il pas également tailler, coudre, rentraire des tapis ? N'en envoyait-il pas en ville ; n'allait-il pas les faire placer ; en un mot, n'administrait-il pas en tout ainsi que moi ? Comment donc pouvais-je être son comptable pour les *matières?*

LETTRES

DU SIEUR VAYSON AU SIEUR BELLANGER.

Ire. LETTRE.

Paris, 22 janvier 1821.

D'APRÈS ce qui s'est passé entre nous depuis quatre ou cinq mois , et notamment depuis vos derniers procédés à mon égard , vous jugez , sans doute , Monsieur , tout comme moi, qu'il ne convient ni à notre repos , ni à nos intérêts , de continuer plus long temps notre société , et qu'il est devenu nécessaire de la dissoudre incessamment.

Je suppose d'ailleurs qu'il vous plaira que cette dissolution se fasse tractativement et à l'amiable , plutôt que par tout autre moyen , auquel aussi il me serait pénible de recourir.

Je vous prie donc si , comme je le présume , telles sont vos intentions , de vouloir bien me faire sur cela telle proposition que vous jugerez convenable , ou même en cas qu'il vous parût impossible , ou du moins très difficile que nous nous accordions , de me faire connaître si vous ne seriez pas disposé à nommer des arbitres , auxquels nous soumettrions nos prétentions respectives , et qui régleraient nos intérêts.

J'espère , Monsieur , que vous ne me ferez pas attendre votre réponse.

J'ai l'honneur de vous saluer ,

Signé VAYSON.

IIe. LETTRE.

Paris, le 23 janvier 1821.

LA réponse que vous avez bien voulu me faire , Monsieur , m'annonce que vous consentez à la dissolution de notre société , et qu'ainsi que moi , vous la jugez convenable , de quoi je suis bien satisfait.

Elle me donne d'ailleurs à connaître que vous désirez que nous finissions par un partage réel et effectif, sur lequel aussi vous m'invitez à vous dire quelles sont mes idées et mes vues, que je vais en conséquence vous exposer succintement.

Le parti que vous semblez préférer ne me paraît, à la vérité, ni le plus commode, ni le plus avantageux pour l'un et pour l'autre ; mais n'importe, je ne fais aucune difficulté d'y acquiescer, et du reste, voici ce que je pense à cet égard, et ce que je crois devoir même expliquer, afin de prévenir toute méprise et tout malentendu.

Je pense donc, Monsieur,

1°. Qu'étant associé tout comme vous, ayant maintenant et ayant même toujours eu, non pas seulement autant mais encore beaucoup plus de fonds que vous dans la société ; ayant enfin, je crois pouvoir le dire sans reproche, travaillé bien plus que vous au bien commun, mon droit tout comme le vôtre, ne se borne pas à prendre une part proportionnée des marchandises et des créances actuellement existantes ; mais qu'il s'étend encore à tous les objets qui composent aujourd'hui notre maison de commerce, tels, par exemple, que la clientelle, les marchés conclus, le bail de l'hôtel où elle est établie, etc. etc.

2°. Que pour les objets susceptibles de division, rien n'empêche qu'ils soient effectivement partagés selon les règles établies ; mais que, pour ceux qui sont indivisibles, ils doivent être licités entre nous aux termes de droit, ou compris dans la formation des lots à faire, de manière qu'il y ait juste compensatison ;

3°. Que, quant aux dettes passives pour lesquelles nous sommes solidaires, il convient qu'avant tout, elles soient acquittées, et que, pour celles qui ne pourraient pas l'être, nous nous donnions réciproquement des sûretés suffisantes pour la part que chacun des deux sera tenu de payer ;

4°. En un mot et généralement, qu'il faut que le partage soit fait entre nous, comme il doit l'être entre des personnes qui ont une même nature de droit à la chose commune.

5°. Je pense enfin qu'étant fort difficile, ce me semble, que nous parvenions à nous entendre et à nous concerter par nous-mêmes sur le partage dont il s'agit et sur tous les détails qu'il entraîne, il est bon et nécessaire que nous convenions, ainsi que cela se pratique entre associés, de deux arbitres auxquels nous confierions le règlement de nos intérêts respectifs.

Telles sont mes idées, Monsieur ; veuillez, je vous prie, me faire connaître si ce sont aussi les vôtres : auquel cas je ne différerai de désigner mon arbitre que le tems qu'il me faut pour m'assurer du consentement d'une des personnes sur qui j'ai pu jeter les yeux.

Au surplus, tout ce que je viens d'avoir l'honneur de vous dire est pour répondre à votre lettre, et relatif au désir que vous me paraissez avoir de finir par un partage réel et effectif. Quant à moi, je crois devoir vous faire une autre proposition, et vous présenter un parti à prendre qui me paraît plus simple, plus commode, plus avantageux pour l'un comme pour l'autre, et qui n'entraînerait ni embarras, ni discussions, ni difficultés quelconques.

C'est que notre maison de commerce, en entier et telle qu'elle est, soit co-licitée entre nous devant un notaire ou devant telle autre personne que ce soit, ensorte qu'elle demeure à celui qui fera la condition meilleure, et qui en deviendra ainsi adjudicataire; bien entendu qu'il paiera la part afférante à l'autre associé, et qu'il lui donnera en même tems caution et sûretés suffisantes pour sa pleine et entière indemnité. C'est ainsi que se terminent fréquemment les sociétés, et, je le répète, ce moyen, le plus équitable de tous, me paraît encore le plus convenable pour nous sous tous les rapports. Je désire fort aussi que vous veuillez l'agréer, et je vous prie de me faire connaître sur cela vos intentions.

J'ai l'honneur de vous saluer.

Signé VAYSON.

IIIe. LETTRE.

Paris, ce 24 janvier 1821.

Je me hâte, Monsieur, de répondre à la lettre que j'ai reçue hier soir de votre part.

Je n'entrerai dans aucune discussion ultérieure sur nos plaintes réciproques : ce serait un travail pénible, désagréable, et d'ailleurs fort inutile; car, sans doute, nous ne parviendrions pas à nous convaincre l'un l'autre. A quoi même cette conviction servirait-elle ? Notre principal objet est de terminer honnêtement, convenablement : c'est le seul dont je m'occupe.

Vous voulez bien, Monsieur, acquiescer à la proposition que je vous ai faite que l'un de nous prenne la maison en son entier et telle qu'elle est, en indemnisant l'autre. Vous désirez d'ailleurs que sur cela, au lieu de recourir au moyen de la co-licitation devant un officier public, et même sans mêler aucun tiers dans nos affaires, nous cherchions à nous mettre tout seuls d'accord : eh bien ! j'y consens ; et je vous propose de laisser ou de prendre ainsi la maison, en posant pour bases les conditions suivantes :

1°. Celui de nous qui prendra la maison paiera comptant à celui qui y renoncera une somme de trente mille francs à titre de pot-de-vin.

2°. Il lui paiera de même le montant du capital qui sera reconnu lui appartenir d'après l'inventaire qui sera fait incessamment.

3°. Il lui donnera, pour raison des dettes restantes à payer et pour lesquelles ils sont solidaires, les sûretés et garanties nécessaires, à l'effet qu'il n'ait jamais à craindre d'être inquiété au sujet de ces mêmes dettes.

Si ces bases vous conviennent, vous n'avez qu'à dire, Monsieur, si vous voulez prendre ou abandonner la maison, je vous laisse entièrement le choix. Que si je forme un vœu, c'est que vous preniez, ne désirant rien de plus que le repos : mais je sais céder à la nécessité.

J'ai l'honneur de vous saluer.

Signé VAYSON.

IVe. LETTRE.

Paris, le 26 janvier 1821.

JE voudrais sans doute, Monsieur, terminer dès à présent une correspondance dont vous vous dites fatigué, d'autant plus qu'assurément je ne le suis pas moins que vous, et que même ma santé en souffre peut-être plus que la vôtre. Mais puisqu'il faut absolument que nous en finissions, et que d'ailleurs vous avez désiré que ce fût de vous à moi et sans aucun intermédiaire, je ne crois pas que nous puissions nous épargner la peine que quelques lettres encore peuvent nous faire ressentir ;

du moins, je tâcherai de rendre les miennes aussi courtes qu'il sera possible, et de m'y borner toujours à ce qui me paraît rigoureusement nécessaire.

Voici donc ce que je crois devoir indispensablement vous dire :

1°. Quand j'ai proposé une somme de trente mille francs pour pot-de-vin, ce n'a pas été sans de mûres réflexions sur l'état actuel des choses et de notre maison. J'ai dû, en effet, y penser d'autant plus sérieusement, qu'indépendamment de la justice et des convenances, il ne s'agissait pas moins de mon intérêt que du vôtre à cet égard. D'ailleurs, ce qui tranche tout et rend toute discussion superflue, c'est que je vous ai laissé et vous laisse encore l'alternative de recevoir ou de donner cette somme, à laquelle, en toute hypothèse, je me tiens irrévocablement.

2°. Vous paraissez souhaiter que nous différions jusqu'au mois de mai prochain de prendre une détermination. Sur cela, je suis encore obligé de vous dire que ni mes intérêts, ni même ceux de notre maison, quoiqu'il puisse arriver, me paraissent ne pas permettre un tel délai, et même exiger que nous sortions au plutôt de l'état d'incertitude où nous nous trouvons. Cependant, je sens que vous pouvez désirer d'avoir quelques jours pour réfléchir sur le choix que vous avez à faire dans l'alternative proposée. J'attendrai donc encore une huitaine entière à compter de ce jour, pour avoir votre détermination : mais si après ce tems, vous ne vous êtes point expliqué, vous voudrez bien ne pas trouver mauvais que je prenne les mesures exigées par mon intérêt et prescrites par mon conseil.

J'ai l'honneur de vous saluer.

Signé Vayson.

P. S. Dans le courant de décembre dernier, après avoir pris les renseignemens nécessaires, Tournier, mais mieux la maison, vendit divers objets au sieur B. ; il fut convenu qu'il donnerait du papier à huit mois de date. L'objet principal fut livré le 30 décembre, et vers les premiers jours de janvier, le sieur B. pria de lui accorder un mois de plus. Je crus pouvoir le faire ; et, en conséquence, je reçus ses effets, qui, terme moyen, portent neuf mois. Voilà l'explication que je crois devoir vous faire sur ces effets, qui, au reste, seront portés au débit de mon compte, si vous trouvez mauvais que je les aie acceptés pour la maison.

Il n'en est pas de même de ceux de M. de B... dont vous m'entretenez. Le marché fut conclu au mois d'août, et M. de B... devait payer comptant. A cette même époque, vous lui accordâtes six mois de crédit ; j'y consentis, pour ne pas vous contrarier. Il y a deux jours qu'il a été arrêté entre nous que la maison ne recevrait le papier de M. B... qu'à six mois de date de la livraison, et j'ai lieu de penser que si vous acceptez un règlement à un plus long délai, vous entendez le faire pour votre compte particulier.

Pour copie conforme,

Vayson.

IMPRIMERIE DE GUIRAUDET ; RUE St.-HONORÉ , N°. 315.

www.ingramcontent.com/pod-product-compliance
Ingram Content Group UK Ltd.
Pitfield, Milton Keynes, MK11 3LW, UK
UKHW020053100726
13658UKWH00004B/1725